# PEAU DOUCE PEAU PROPRE

de **Angèle Delaunois**

illustré par **François Thisdale**

**Ombilic**

Direction éditoriale et artistique : Angèle Delaunois
Édition électronique : Hélène Meunier
Révision linguistique : Marie-Ève Guimont

Dépôt légal : 4e trimestre 2008
Bibliothèque nationale du Québec
Bibliothèque nationale du Canada

**Nos plus sincères remerciements à Rinda Hartner, B. Sc.
et Ginette Potvin, B. Sc. infirmières en milieu scolaire,
pour leur gentillessse, leur empathie et leur temps.**

**Catalogage avant publication de Bibliothèque et Archives nationales du Québec et Bibliothèque et Archives Canada**

Delaunois, Angèle

    Peau douce, peau propre

    (Ombilic ; n° 13)

    Pour enfants de 4 ans à 8 ans.

    ISBN  978-2-923234-47-2

    1. Hygiène - Ouvrages pour la jeunesse. I. Thisdale,
François, 1964-    . II. Titre. III. Collection.

RA777.D44 2008 j613'.4   C2008-942070-5

  Nous remercions le Gouvernement du Québec
Québec ::   Programme de crédit d'impôt pour l'édition de livres – Gestion SODEC

Conseil des Arts   Canada Council   Nous remercions le Conseil des Arts du Canada de l'aide accordée à notre programme de publication.
du Canada   for the Arts

**ÉDITIONS DE L'ISATIS**
**4829, avenue Victoria**
**MONTRÉAL - H3W 2M9**
**www.editionsdelisatis.com**

ASSOCIATION NATIONALE DES ÉDITEURS DE LIVRES

Imprimé au Canada
Distributeur au Canada : Diffusion du livre Mirabel

À Ginette Potvin et Rinda Hartner,
qui ont su garder leur peau douce.

DURANT LA JOURNÉE, TU FAIS PLEIN DE CHOSES :
TU MARCHES, TU COURS, TU SAUTES, TU JOUES,
TU AS CHAUD, TU MANGES, TU VAS À LA TOILETTE, ETC.
TOUTES CES ACTIVITÉS QUI SONT NÉCESSAIRES
À TA VIE SALISSENT TON CORPS. C'EST POUR CELA
QUE TA PEAU A BESOIN D'ÊTRE NETTOYÉE
RÉGULIÈREMENT.

Je prends mon bain tous les soirs
avant d'aller me coucher.
J'aime ça!
Papa et maman
ne sont pas loin.

FLOC

FLOC

LA PEAU TE RECOUVRE COMME UN GRAND MANTEAU.
C'EST LE PLUS GRAND DE TES ORGANES.
ELLE EST CONSTITUÉE DE PLUSIEURS COUCHES
SUPERPOSÉES QUI PROTÈGENT TES ORGANES INTÉRIEURS
ET ELLE EMPÊCHE L'EAU ET LES MICROBES
D'ENTRER DANS TON CORPS.

CE QUE TU VOIS SUR LE DESSUS,
C'EST L'ÉPIDERME.
LA COUCHE DU DESSOUS
S'APPELLE LE DERME.

épiderme

derme

LORSQUE TU REGARDES TA PEAU DE PRÈS, TU VOIS DES PETITS TROUS. CE SONT DES PORES. C'EST PAR LÀ QUE SORT LA SUEUR QUAND TU TRANSPIRES. LA SUEUR EST UNE SORTE DE LIQUIDE PLEINE DE DÉCHETS. PARFOIS, ELLE SENT MAUVAIS. MAIS LORSQUE TU AS CHAUD, ELLE EST UTILE CAR ELLE TE RAFRAÎCHIT.

SUR TA TÊTE, IL Y A DE 100 000 À 150 000 CHEVEUX.
ILS POUSSENT DE 15 CENTIMÈTRES PAR ANNÉE.
TU EN PERDS UNE CENTAINE PAR JOUR.
CHACUN DE TES CHEVEUX A UNE RACINE
SITUÉE DANS LE DERME DE TON CUIR CHEVELU.
LA TIGE DU CHEVEU SORT PAR UN TROU DE L'ÉPIDERME.
CERTAINES PERSONNES ONT PLUS DE POILS ET DE CHEVEUX
QUE D'AUTRES. LES CHEVEUX NE SONT PAS TOUS
SEMBLABLES. ILS PEUVENT ÊTRE FRISÉS, RAIDES, ONDULÉS,
CRÉPUS, BLONDS, NOIRS, ROUX, CHÂTAINS... CELA DÉPEND
SOUVENT DE TA FAMILLE ET DE L'ENDROIT OÙ TU ES NÉ.

LES SEULS ENDROITS
OÙ TU N'AS PAS DE POILS
SONT LES PAUMES
DE TES MAINS,
LA PLANTE
DE TES PIEDS
ET TES LÈVRES.

Mon papa n'a plus un poil sur la tête,
mais il en a plein sur la poitrine.

GRAt

GRaT

POUR GARDER DE BEAUX CHEVEUX,
IL FAUT EN PRENDRE SOIN. TU PEUX LES LAVER
SOUS LE ROBINET OU SOUS LA DOUCHE. DEUX À TROIS FOIS
PAR SEMAINE, C'EST SUFFISANT !
SI TU AS PEUR D'AVOIR DE L'EAU DANS LES YEUX,
CACHE TON VISAGE AVEC UNE PETITE SERVIETTE
PENDANT QUE QUELQU'UN TE SAVONNE. OU ENCORE,
PENCHE LA TÊTE VERS L'ARRIÈRE. ATTENTION, IL FAUT BIEN
TE RINCER POUR ENLEVER TOUT LE SHAMPOOING.

Je brosse mes cheveux tous les jours.
Pour aller à l'école, je les attache
ou je fais des tresses.

Ç'est beau!

LORSQUE TU FAIS COULER L'EAU POUR FAIRE
TA TOILETTE, SURVEILLE SA TEMPÉRATURE.
SI ELLE EST TROP CHAUDE, TU RISQUES
DE TE BRÛLER.

AU FOND DE LA BAIGNOIRE OU DE LA DOUCHE, INSTALLE
UN TAPIS ANTIDÉRAPANT OU COLLE
DES FORMES EN CAOUTCHOUC POUR NE PAS
GLISSER. C'EST PLUS PRUDENT!

Il y a plein de petites fleurs dans ma baignoire, comme dans un jardin.

HO LA LA!

LORSQUE TU TE LAVES, UTILISE DES PRODUITS FAITS POUR LES ENFANTS. SI TON SAVON EST TROP DÉCAPANT, TON ÉPIDERME VA DEVENIR SEC ET TU VAS TE GRATTER. MAINTENANT, IL EXISTE DES SHAMPOOINGS SPÉCIAUX QUI NE PIQUENT PAS DU TOUT LES YEUX ET DES LOTIONS QUI GARDENT LA PEAU TOUTE DOUCE.

AU SECOURS!

PRENDS L'HABITUDE DE SOIGNER LES ONGLES DE TES DOIGTS ET DE TES ORTEILS. S'ILS SONT TROP LONGS, TU PEUX GRIFFER TES AMIS OU TOI-MÊME SANS LE VOULOIR. LE MIEUX, C'EST DE LES GARDER COURTS EN LES COUPANT RÉGULIÈREMENT AVEC UNE PAIRE DE CISEAUX À BOUTS RONDS OU UN COUPE-ONGLES POUR ENFANTS. ENLÈVE TOUTES LES SALETÉS ET LES MICROBES QUI S'ACCUMULENT SOUS TES ONGLES EN LES BROSSANT OU EN PASSANT UNE PETITE LIME DESSOUS.

ATTENTION! NE RONGE PAS TES ONGLES. ÉVITE AUSSI D'ARRACHER LES PETITES PEAUX QUI POUSSENT AUTOUR AVEC TES DENTS. C'EST PRÉFÉRABLE DE LES COUPER. CELA T'ÉVITERA D'AVOIR DES BOBOS QUI SONT LONGS À GUÉRIR.

Pfffttt

Quelquefois, maman me prête son vernis à ongles.

J'aime beaucoup ça!

N'OUBLIE PAS TES DENTS! DANS TA BOUCHE,
LES MICROBES NE PRENNENT JAMAIS DE VACANCES.
BROSSE TES DENTS APRÈS CHAQUE REPAS ET PASSE LA
SOIE DENTAIRE ENTRE ELLES. SI CE N'EST PAS POSSIBLE,
FAIS-LE AU MINIMUM DEUX FOIS PAR JOUR. COMME
TA BOUCHE EST PLUS PETITE QUE CELLE D'UN ADULTE,
TA BROSSE À DENTS AUSSI DOIT ÊTRE PLUS PETITE. ET
N'OUBLIE PAS DE LA CHANGER TOUS LES TROIS
OU QUATRE MOIS.

POUR SAVOIR
SI TU TE BROSSES
LES DENTS ASSEZ
LONGTEMPS, UTILISE
UN SABLIER.

Lorsque j'ai la tête sous l'eau,
je n'entends pas les sons de la même façon.

C'est rigolo!

GLOu

GLOu

ET LES OREILLES ? IL NE FAUT PAS LES OUBLIER
CELLES-LÀ! CHAQUE JOUR, LAVE LE PAVILLON
DE TON OREILLE AVEC DE L'EAU ET UN PEU DE SAVON.
CELA SUFFIT !

POUR TA PROTECTION, TON OREILLE FABRIQUE
DU CÉRUMEN, UNE SORTE DE CIRE QUI A
UNE DRÔLE D'ODEUR. SURTOUT, N'INSÈRE PAS
DE COTON-TIGE DANS LE TROU DE TON OREILLE
POUR L'ENLEVER. TU POURRAIS TE BLESSER
OU ENCORE ENFONCER LA CIRE
ET FORMER UN BOUCHON DUR
QUI TE FERA MAL. ET,
BIEN SÛR, NE GRATTE PAS
TES OREILLES AVEC
UN OBJET POINTU OU SALE.
C'EST DANGEREUX !

UNE PARTIE DE CE QUE TU MANGES SE TRANSFORME EN DÉCHETS. TON CORPS S'EN DÉBARRASSE EN FABRIQUANT DES CROTTES. DEDANS, IL Y A PLEIN DE MICROBES PAS TRÈS SYMPAS QUI PEUVENT CAUSER BIEN DES SOUCIS.

TRÈS IMPORTANT SI TU ES UNE FILLE : LORSQUE TU VAS FAIRE CACA, ESSUIE-TOI TOUJOURS DE L'AVANT VERS L'ARRIÈRE. SI TU FAIS LE CONTRAIRE, LES MICROBES PEUVENT ENTRER DANS TA VESSIE PAR LE PETIT TROU D'OÙ SORT L'URINE ET PROVOQUER UNE INFECTION QUI TE BRÛLERA LORSQUE TU IRAS FAIRE PIPI.

Lorsqu'il y a des traces brunes dans ma culotte, c'est parce que je ne me suis pas bien essuyé.

# Ouache ! Ça pue !

Je change mes sous-vêtements tous les jours.

LORSQUE TU FAIS TA TOILETTE,
N'OUBLIE PAS LES COINS SECRETS.
SAVONNE BIEN TOUS LES PLIS DE TES FESSES
AINSI QUE L'ANUS, LE PETIT TROU
PAR OÙ SORT LE CACA. C'EST UN ENDROIT
QUI EST SOUVENT SALE.

SI TU ES UNE FILLE,
LAVE BIEN TA VULVE.
SI TU ES UN GARÇON,
NETTOIE RÉGULIÈREMENT
TON PÉNIS.

Je me rince comme il faut

pour enlever tout le savon

qui pourrait me piquer en séchant.

SI CERTAINES PARTIES DE TON CORPS SE COUVRENT DE PETITS POINTS ROUGES, DE BOUTONS OU DE PLAQUES, IL PEUT Y AVOIR PLUSIEURS RAISONS. TU ES PEUT-ÊTRE ALLERGIQUE À QUELQUE CHOSE, OU BIEN TU T'ES FAIT PIQUER PAR UN INSECTE OU TU AS ÉTÉ IRRITÉ PAR UNE PLANTE. OU ENCORE, TU AS ÉTÉ EN CONTACT AVEC UN MÉCHANT MICROBE.

MONTRE TOUT CELA À TES PARENTS. SI C'EST NÉCESSAIRE, ILS POURRONT TE CONDUIRE CHEZ LE PHARMACIEN OU CHEZ TON MÉDECIN FAVORI. IL Y A DES MÉDICAMENTS, DES LOTIONS ET DES CRÈMES QUI VONT TE SOULAGER BIEN VITE.

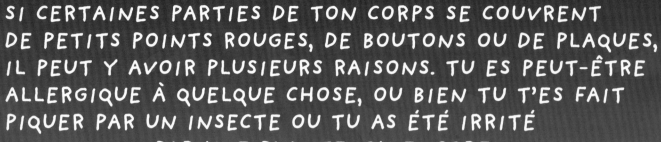

Mon petit frère a souvent les fesses rouges,

car il fait ses besoins dans sa couche.

Ça le brûle et il pleure.

OUiN

OUiN

TOUT CE QUI EST AUTOUR DE TOI N'EST PAS SUPER PROPRE. IL Y A DE LA POUSSIÈRE, DES TACHES, DES TRACES DE DOIGTS... LORSQUE TU JOUES DEHORS, TU TE SALIS AVEC DE LA TERRE, DU SABLE OU DE L'EAU SALE. IL Y A PLEIN DE MICROBES INVISIBLES SUR TOUT CE QUE TU TOUCHES. C'EST POURQUOI IL FAUT TE LAVER LES MAINS PLUSIEURS FOIS PAR JOUR.

Je me savonne les mains avant
et après les repas.
Et, bien sûr, je nettoie ma bouche.
Je me lave aussi les mains
si je tousse, si je me mouche,
si j'ai caressé un animal
ou si je dois toucher
la nourriture.

CERTAINS PRÉFÈRENT
SE LAVER LE MATIN,

PRENDRE UNE DOUCHE,
C'EST TRÈS CHOUETTE.
EN COULANT SUR TON CORPS,
L'EAU TIÈDE TE RÉVEILLE
ET TE STIMULE.
MAIS ATTENTION, NE RESTE PAS
TROP LONGTEMPS DESSOUS
SINON TU VAS VIDER
LE RÉSERVOIR D'EAU CHAUDE !

D'AUTRES PRÉFÈRENT SE LAVER LE SOIR.
L'HEURE DU BAIN EST UN MOMENT
TRÈS AGRÉABLE. DANS L'EAU TIÈDE PLEINE
DE MOUSSE, TU RELAXES, TU FAIS FLOTTER
TES JOUETS DE BAIN, TU TE SAVONNES
AVEC UN SAVON DOUX. APRÈS, TU SENS BON
ET TU ES BIEN DÉTENDU.

L'hygiène, c'est important pour rester en bonne santé!

# Des petits livres qui répondent à des grandes questions!